AF338468

APPEL

A LA JUSTICE DU ROI,

OU

MÉMOIRE 

SUR LA NÉCESSITÉ DE RENDRE, SANS DÉLAI, AUX VÉRITABLES PROPRIÉTAIRES, LES BOIS ET AUTRES BIENS QUI N'ONT PAS ÉTÉ VENDUS, MAIS SEULEMENT SÉQUESTRÉS.

PARIS,

IMPRIMERIE DE LE NORMANT.

1814.

APPEL

A LA JUSTICE DU ROI.

Dans un moment où la reconnoissance publique consacre par les témoignages les moins équivoques, le bonheur de la France et le retour au trône de son Roi légitime, faut-il que de fidèles sujets, en partageant cet élan national, soient obligés de gémir sur leur position particulière : un grand nombre d'émigrés, dont les biens ont échappé à la rapacité révolutionnaire et napoléonienne, croyoient, avec confiance, que, dès le lendemain de l'entrée du Roi dans Paris, la restitution de ces biens leur seroit assurée ; et cependant leur sort, leur fortune, celle de leurs enfans, l'espoir et la garantie de leurs créanciers, sont encore autant de problèmes qui ne sont point résolus.

Dira-t-on que la salutaire lenteur des formes administratives ne s'allie pas avec la juste impatience des propriétaires ? dira-t-on que le gouvernement ne doit pas se priver aussi promptement d'un revenu considérable ?

Viendra-t-on objecter que l'Etat, en liquidant les dettes de plusieurs émigrés, est devenu leur créancier ; et qu'avant de leur restituer leurs biens, il doit être remboursé des sommes dont il les a libérés ?

Il est facile de répondre à toutes ces objections, et de prouver que la politique, d'accord avec l'honneur, commande l'acte de justice aujourd'hui réclamé.

Une loi du 2 nivose an IV avoit ordonné la vente des bois appartenant à des émigrés, d'une contenance moindre de trois cents arpens forestiers et séparés, et éloignés des autres bois et forêts d'environ cinq cents toises. Les forêts importantes furent donc réservées, et même les bois d'une foible contenance ne furent pas tous vendus.

Sous le directoire, quelques personnes parvinrent à se faire rayer de la liste des émigrés, et obtinrent la restitution de leurs bois et autres biens invendus.

Buonaparte, parvenu à la puissance sur les débris du directoire, accorda lui-même plusieurs radiations; mais bientôt, aussi avide du bien des sujets, que prodigue de leur sang, il rendit, le 24 thermidor an IX, un arrêté portant :

Art. 1er. Que l'administration générale des forêts feroit dresser l'état des bois alors sous la main de la république, et non aliénables aux termes de la loi du 2 nivose an IV.

Art. 2. Qu'à l'avenir il ne seroit donné, sous quelque prétexte que ce pût être, aucune main-levée de séquestre sur les bois au-dessus de trois cents arpens.

Art. 3. Et que les individus qui, à quelque titre que ce fût, auroient des réclamations à former, ou des droits à faire valoir pour raison de ces forêts, seroient indemnisés.

Depuis ce temps les émigrés amnistiés rentrèrent dans la jouissance des bois d'une contenance au-dessous de trois cents arpens : ainsi celui dont les biens étoient morcelés, en recouvra la jouissance : celui qui avoit le moins possédé devint le plus riche.

Quelquefois, pour récompenser des services rendus, sinon à l'Etat, du moins à sa personne, quelquefois à la sollicitation d'un favori ou d'un personnage éminent, Buonaparte accorda des mainlevées de sequestre sur des forêts considérables, ou fit participer le propriétaire dépossédé au produit des coupes; mais ces actes éclatans de sa faveur devinrent d'autant plus rares , qu'engloutissant les trésors de l'Etat pour le succès de ses folles entreprises, loin d'être bienfaisant ou juste , il devenoit tous les jours et plus tyran et plus spoliateur.

Buonaparte se disposoit à faire procéder à la vente des forêts séquestrées , comme il avoit ordonné la vente des biens communaux , et après avoir dévoré ces dernières ressources, le songe auroit fini par une banqueroute envers les créanciers de l'Etat; mais le ciel, en renversant l'usurpateur, renverse avec lui les principes de brigandage , qui ont si long-temps fait gémir la France.

Il est donc incontestable que les propriétaires de bois séquestrés pourront , enfin, les exploiter et les administrer pour leur compte.

Ils n'ont jamais cessé d'être propriétaires.

Les lois précitées n'ont jamais parlé de confiscation , mais simplement de séquestre.

Ils ne réclament qu'une simple pos-
session, qu'une simple jouissance réunie
à un droit de propriété, dont ils n'ont
pas été privés par les gouvernemens
intermédiaires.

En un mot, ils demandent que le séquestre soit levé sur leurs biens invendus.

De grandes considérations politiques
ont empêché que l'on songeât un seul
instant à donner aux émigrés le droit
d'attaquer la vente des biens nationaux.

On a pensé que ces biens, vendus
publiquement, avoient passé par des
mains diverses ; qu'ils avoient subi ou des
altérations ou des améliorations , et qu'en
inquiétant les détenteurs , ce seroit porter
le trouble ou la misère dans les familles.
Ces biens ont été considérés, en quelque
sorte , comme garantis aux acquéreurs
et à leurs créanciers par voie de prescription.

C'est ainsi qu'entre particuliers la prescription est autorisée par la loi ; c'est
ainsi que, par ce moyen toléré , mais

odieux, l'action est éteinte aux yeux de tous les tribunaux, si l'on excepte toutefois celui de la conscience. Aussi un célèbre jurisconsulte a-t-il défini la prescription : *Magnum scelus auctoritate publicâ patratum.*

Mais, dans l'espèce, il ne s'agit point de biens confisqués et vendus.

Aucun intérêt particulier n'est froissé par la restitution espérée à tant de titres.

Les revenus de l'Etat seront, il est vrai, diminués ; mais les dépenses diminueront sous une administration sage et paternelle ; et l'Etat, régi par un Bourbon, voudroit-il s'enrichir au préjudice des victimes de Napoléon et des victimes du gouvernement révolutionnaire ?

L'Etat n'a-t-il point, depuis vingt-cinq ans, perçu les revenus des biens séquestrés ? Et ces revenus apportés dans ses caisses, ne produiroient-ils pas, s'ils étoient capitalisés, une somme plus considérable que la valeur des biens séquestrés ?

En rendant au commerce et à l'in-
dustrie tant de propriétés régies par
l'administration forestière, le gouvernement économisera tous les frais de gestion
et de surveillance, et les revenus publics
s'accroîtront du produit de la contribution
foncière, des droits de mutation par dé-
cès, et des droits d'enregistrement perçus,
tant sur les aliénations forcées ou volon-
taires, que sur les obligations consenties
hypothécairement par actes notariés.

Mais ces motifs d'intérêt public pour-
roient ne pas exister, qu'il faudroit encore restituer les bois invendus.

Ce principe est dans le cœur du mo-
narque, et les actes de son autorité l'ont
jusqu'à présent consacré.

Dans la charte constitutionnelle, mo-
nument de la sagesse de notre prince,
et objet de notre éternelle reconnoissance,
il est dit : « que les biens confisqués seront distraits des domaines des sénato-
reries, pour être rendus aux légitimes
propriétaires. Sa Majesté y déclare for-

mellement que c'est par suite des arran-
gemens pris avec le prince de Condé,
que la chambre des députés tiendra pro-
visoirement ses séances dans la salle du
palais Bourbon. »

Si des biens confisqués, et presque
aliénés, sont l'objet d'une pareille ex-
ception, peut-on traiter moins favora-
blement les propriétés qui sont seulement
sous le joug d'un séquestre ?

Les princes du sang habitent leurs
palais ou ceux de leurs pères.

Une première ordonnance a rendu à
S. A. le duc d'Orléans, des forêts pro-
duisant quatre millions de revenu.

Le prince de Condé a recouvré la pos-
session de ses biens, frappés de séquestre.

Mais ces restitutions particulières accor-
dées à des personnages illustres, sont
presque un motif d'inquiétude pour les
émigrés qui sollicitent une même justice.
Les jours paroissent longs à ceux que
l'inquiétude tourmente, et surtout à ceux
que le besoin assiége.

Loin de nous l'idée de croire à une confiscation.

La confiscation n'est que l'accessoire d'une peine, la peine est la conséquence d'un délit, et nous ne pouvons pas voir de délit dans l'émigration de tant de Français que les orages révolutionnaires ont éloignés de leur patrie. Le tyran, le spoliateur a disparu; ne punissez pas ses victimes.

Il seroit également injuste de prêter au Gouvernement l'intention de prolonger d'une seule année la perception au profit de l'Etat, des revenus des biens séquestrés.

Il faut plutôt croire que la restitution embrassera les prix des dernières coupes, encore dues par les adjudicataires.

On se demande donc pourquoi le Roi ne prononceroit point, de suite, par une ordonnance émanée de sa volonté, la restitution de tous les biens d'émigrés, non vendus?

Cette mesure générale combleroit tous

les vœux, satisferoit tous les intérêts, et fixeroit toutes les incertitudes.

L'état nominatif des possesseurs de bois invendus en comprend quatre mille environ. Le Roi rendra-t-il quatre mille ordonnances particulières?

La mesure générale une fois proclamée, la levée des séquestres pourra être soumise à toutes les justifications, à toutes les précautions que le ministre des finances, l'administration forestière ou les préfets croiront devoir exiger.

Les émigrés, dont l'Etat a payé les dettes, seront soumis à des restitutions, à des indemnités que détermineront des réglemens particuliers et des comptes administratifs.

Alors les propriétaires de bois cesseront d'être placés entre le doute et l'espérance, et la réalité succédera à l'incertitude que l'on peut mettre au nombre des maux qui affligent l'humanité.

L'éclat du trône s'accroît de celui de la noblesse, et le Roi environné de gentilshommes ; la plupart ruinés par la vente ou la confiscation de leurs biens, trouve, en leur rendant quelques débris de fortune, le moyen d'encourager leur zèle et leurs services, et de les voir à sa cour dans un état convenable à leur nom et à leur rang.

Les fils qui n'avoient hérité que du dévouement de leurs pères, auront un double motif de bénir la main paternelle qui a ressaisi les rênes du gouvernement.

Nous le disons avec franchise. Ce n'est point une grâce, ce n'est point un bienfait que l'on attend du Roi, c'est un acte de sa haute justice ; mais des sujets dévoués se plairont à y voir une faveur. La reconnoissance est facile et douce envers *Louis-le-Désiré* ; elle devient une dette du cœur ; et si l'on cherche à l'acquitter, on ne veut pas croire qu'il soit possible de l'éteindre.

www.ingramcontent.com/pod-product-compliance
Lightning Source LLC
Chambersburg PA
CBHW050015070726

47598CB00014B/1652